Inhalt

AF186355

Schwierigkeitsgrade der Modelle

● = schnell und einfach

●● = mittel

●●● = aufwendig

1

Hier kocht der Chef

Material
- Topflappengarn (Lauflänge 70 m/50 g): je 50 g in Weiß und Beige
- Baumwollgarnreste in Weiß, Rot, Schwarz und Blau
- je 1 Häkelnadel Nr. 4 und Nr. 3
- 1 Sticknadel
- 1 Nähnadel
- etwas Füllwatte

Grundmuster: Feste Maschen, dabei jede Reihe mit 1 zusätzlichen Luftmasche beginnen und mit 1 festen Masche in die 1. Masche der Vorreihe beenden.

Maschenprobe mit Häkelnadel Nr. 4: 19 Maschen und 19 Reihen = 10 x 10 cm
Wenn nicht anders angegeben, alle folgenden Arbeiten mit Nadel Nr. 4 arbeiten.

Zählmuster und Häkelschrift siehe Umschlagklappe A.

So wird´s gemacht
Für das Gesicht 8 Luftmaschen und 1 Wende-Luftmasche in Beige anschlagen und im Grundmuster gemäß Zählmuster arbeiten. Die Zunahmen wie eingezeichnet ausführen. Nach 30 Reihen ab Anschlag über 38 Maschen enden.
Für die Ohren (2 x arbeiten) in einen Fadenring mit Beige 5 feste Maschen häkeln und in hin- und hergehenden Reihen die 1. – 3. Reihe gemäß Häkelschrift arbeiten. Die Ohren beidseitig an das Gesicht nähen und das Gesicht mit den Ohren ringsum mit 1 Runde fester Maschen in Beige umhäkeln.
Für die Mütze 40 Maschen und 1 Wende-Luftmasche mit weißem Topflappengarn anschlagen und im Grundmuster arbeiten. Nach 2 Reihen ab Anschlag in der folgenden Reihe nach der 1. Masche über den folgenden 38 Maschen die letzte Reihe des Gesichtes mit anhäkeln. Nach 12 Reihen ab Anschlag beidseits je 4 Maschen zunehmen und 3 Reihen über 48 Maschen häkeln. In der folgenden Reihe für den Aufhänger die mittleren 4 Maschen mit 4 Luftmaschen überhäkeln, dann ringsum 1 Runde feste Maschen häkeln.
Für die Nase in Beige in einen Fadenring 8 feste Maschen häkeln. Diese und jede weitere Runde mit 1 zusätzlichen Luftmasche beginnen und mit 1 Kettmasche in die 1. feste Masche schließen.
2. Runde: In jede Masche 2 feste Maschen häkeln = 16 Maschen. 3. Runde: in jede 2. Masche 2 feste Maschen häkeln = 24 Maschen. 4. Runde: in jede Masche 1 feste Masche häkeln und enden. Für die Augen (2 x arbeiten) mit dem weißen Wollrest und Nadel Nr. 3 in einen Fadenring die 1. – 3. Runde wie bei der Nase arbeiten, dann enden. Für die Pupillen (2 x arbeiten) mit dem blauen Wollrest und Nadel Nr. 3 in einen Fadenring die 1. und 2. Runde wie bei der Nase arbeiten, dann enden. Den Mund wie die Pupillen, jedoch in Rot arbeiten.

Fertigstellung: Die Nase aufnähen und mit Füllwatte leicht ausstopfen. Augen und Mund aufnähen. Die Pupillen auf die Augen nähen und mit einem weißen Knötchenstich einen Lichtpunkt aufsticken. Für die Haare, den Schnauzer und den Kinnbart mit schwarzem Wollrest aus dreifacher Wolle einknüpfen. Mit weißem Topflappengarn die Konturen der Mütze mit weißen Kettstichen aufsticken.

Eisvögel

Topflappen • Größe: ca. 15 x 27 cm   Schwierigkeitsgrad ● ●

Material
- Baumwollgarn (Lauflänge 90 m/50 g):
  je 50 g in Türkis und Eisblau
- Baumwollgarnreste in Weiß, Orange und
  Schwarz
- etwas Stickgarn in Schwarz und Weiß
- 1 Häkelnadel Nr. 4
- 1 Nähnadel

Grundmuster: Feste Maschen in Reihen häkeln,
dabei jede Reihe mit 1 zusätzlichen Wende-Luftmasche beginnen.

Maschenprobe: 16 Maschen und 24 Reihen = 10
x 10 cm

So wird´s gemacht

Für den Körper in Türkis (Eisblau) 9 Luftmaschen
und 1 zusätzliche Wende-Luftmasche anschlagen
und nach dem Zählmuster weiterarbeiten, dabei
in der letzten Reihe 8 x nach jeder festen Masche
einen Luftmaschen-Bogen aus 7 Luftmaschen
häkeln und den gesamten Körper mit festen Maschen umhäkeln. Die Runde mit 1 Kettmasche
schließen.
Für die Augen (2 x arbeiten) in Schwarz 5 Luftmaschen anschlagen, mit 1 Kettmasche zum Ring
schließen und gemäß Häkelschrift weiterarbeiten,
dabei die 1. Runde in Schwarz und die 2. Runde in
Weiß häkeln. Jede Runde mit 1 zusätzlichen Luftmasche beginnen und mit 1 Kettmasche beenden.
Für die Füßchen (2 x arbeiten) in Orange 8 Luftmaschen anschlagen und gemäß Häkelschrift weiterarbeiten, dabei bei Pfeil A beginnen und beim
Doppelpfeil enden. Alle weiteren Pfeile geben die
Häkelrichtung an.

Für den Schnabel in Orange 7 Luftmaschen anschlagen und gemäß Häkelschrift weiterarbeiten.
Zuletzt nach Beendigung der 5. Reihe den Schnabel mit 1 Runde feste Maschen umhäkeln und die
Runde mit 1 Kettmasche schließen.

Fertigstellung: Augen und Schnabel gemäß Zählmuster und Abbildung aufnähen. Zuletzt die Füßchen an den unteren Rand nähen.

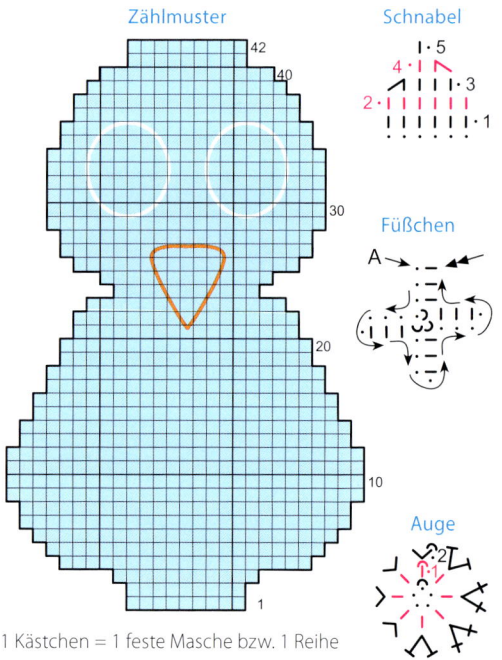

Zählmuster   Schnabel

Füßchen

Auge

1 Kästchen = 1 feste Masche bzw. 1 Reihe

Zeichenerklärung:
- · = 1 Luftmasche
- ∩ = 1 Kettmasche
- I = 1 feste Masche
- T = 1 halbes Stäbchen
- † = 1 Stäbchen

Laufen die Zeichen oben zusammen, werden die Ma-
schen zusammen abge-
mascht, laufen die Zeichen
unten zusammen, werden sie
in eine Einstichstelle gearb.

Smileys

Material
- Baumwollgarn (Lauflänge 125 m/50 g): je Topflappen 50 g in Gelb
- Baumwollgarnrest in Schwarz
- 1 Häkelnadel Nr. 2,5
- 1 Nähnadel

Grundmuster: Mit Stäbchen in Runden häkeln, dabei jede Runde mit 3 Luftmaschen als Ersatz für das 1. Stäbchen beginnen und mit 1 Kettmasche in die 3. Anfangsluftmasche beenden. Um eine Masche zu verdoppeln, 2 Stäbchen in eine Einstichstelle arbeiten.

Runde Augen: In Schwarz 9 Luftmaschen anschlagen und mit 1 Kettmasche zur Runde schließen, dann wie folgt mit festen Maschen weiterhäkeln, dabei jede Runde mit 1 Luftmasche als Ersatz für die 1. feste Masche beginnen und mit 1 Kettmasche schließen: **1. Runde:** 10 feste Maschen in den Ring. **2. Runde:** jede Masche verdoppeln = 20 Maschen. **3. Runde:** jede 2. Masche verdoppeln = 30 Maschen. **4. Runde:** jede 3. Maschen verdoppeln = 40 Maschen.

Maschenprobe im Grundmuster: 25 Stäbchen und 13 Reihen = 10 x 10 cm

So wird´s gemacht
Für jeden Topflappen in Gelb 12 Luftmaschen anschlagen und mit 1 Kettmasche zur Runde schließen. Nun wie folgt im Grundmuster weiterhäkeln: **1. Runde:** 12 Stäbchen in den Ring. **2. Runde:** jede Masche verdoppeln = 24 Stäbchen.

3. Runde: jede 2. Masche verdoppeln = 36 Stäbchen. **4. Runde:** jede 3. Masche verdoppeln = 48 Stäbchen. **5. Runde:** jede 4. Masche verdoppeln = 60 Stäbchen. **6. – 14. Runde:** mit 12 Zunahmen pro Runde weiterhäkeln. Am Ende der letzten Runde für den Aufhänger mit doppeltem Faden 20 Luftmaschen arbeiten und mit 1 Kettmasche in die 1. Masche der letzten Runde schließen.

Fertigstellung: Drei runde Augen anfertigen. Mit doppeltem Faden in Schwarz eine 3 cm lange, je zwei 6 cm und 13 cm lange sowie eine 15 cm lange Luftmaschenkette häkeln.
Für den lachenden Smiley zwei runde Augen und als Mund eine 13 cm lange Luftmaschenkette aufnähen. Für den zwinkernden Smiley ein rundes Auge, die kurze Luftmaschenkette als zwinkerndes Auge und eine 13 cm lange Luftmaschenkette als Mund aufnähen. Für den dritten Smiley die beiden 6 cm langen Luftmaschenketten als V-Augen und die 15 cm lange Luftmaschenkette gemäß Abbildung als Mund aufnähen.

Schlaue Füchse

Topflappen · Größe: ca. 17,5 x 23 cm

Schwierigkeitsgrad ● ● ●

Material

- Topflappengarn (100 % Baumwolle, Lauflänge 90 m/50 g): je 50 g in Weiß und Orange
- Baumwollgarnrest in Schwarz
- 1 Häkelnadel Nr. 4,5
- 1 Sticknadel; 1 Nähnadel

Grundmuster: Luftmaschen, Kettmaschen, feste Maschen und halbe Stäbchen nach Anleitung.

Maschenprobe: 16 Maschen und 24 Reihen = 10 x 10 cm

So wird's gemacht

In Schwarz 3 Luftmaschen anschlagen, wenden. 11 halbe Stäbchen zurück in die 1. Luftmasche häkeln und die Runde mit 1 Kettmasche in die 2. Luftmasche schließen. Den Faden abschneiden. Mit Weiß neu anschlingen, 1 Runde halbe Stäbchen häkeln, dabei jede 2. Masche verdoppeln = 18 Maschen. Weiter in Hin- und Rückreihen arbeiten, dabei die Wende-Luftmaschen am Rand generell nicht als Masche anrechnen, sondern immer nur Masche in Masche häkeln! **1. Reihe:** 2 Luftmaschen, wenden, und 11 halbe Stäbchen häkeln. **2. Reihe:** 2 Luftmaschen, wenden. Weiter halbe Stäbchen häkeln, dabei jede 2. Masche verdoppeln = 16 Maschen. **3. Reihe:** 2 Luftmaschen, wenden. Die 1. und letzte Masche der Vorreihe verdoppeln, dazwischen jeweils 1 halbes Stäbchen häkeln = 18 Maschen. **4. Reihe:** 2 Luftmaschen, wenden. Die 1., 4., 7. und 9. Masche verdoppeln (= Mitte). Die Reihe gegengleich beenden = 26 Maschen. **5. Reihe:** 2 Luftmaschen, wenden. Die 1., 4., 7., 10. und 13. Masche verdoppeln (= Mitte). Die Reihe gegengleich beenden = 36 Maschen.

6. Reihe: wie 3. Reihe = 38 Maschen. **7. Reihe:** 2 Luftmaschen, wenden. Jede 3. Masche verdoppeln = 50 Maschen. **8. Reihe:** 2 Luftmaschen, wenden. Halbe Stäbchen häkeln = 50 Maschen. Den Faden abschneiden. Die Häkelrichtung der letzten weißen Reihe beibehalten und mit Orange neu anschlingen. **1. Reihe:** In die weiße Randmasche 2 halbe Stäbchen häkeln, dann 8 Maschen über den unregelmäßigen Rand, 9 Maschen über die Nase und die Reihe gegengleich beenden = 29 Maschen. **2. Reihe:** 2 Luftmaschen, wenden. 6 halbe Stäbchen, 2 x je 2 Maschen zusammen abmaschen, dann 9 halbe Stäbchen häkeln und die Reihe gegengleich beenden = 25 Maschen. **3. Reihe:** 2 Luftmaschen, wenden. 4 halbe Stäbchen, 2 x je 2 Maschen zusammen abmaschen, 9 halbe Stäbchen häkeln und die Reihe gegengleich beenden = 21 Maschen. **4. und 5. Reihe:** 2 Luftmaschen, wenden. In jede Masche 1 halbes Stäbchen häkeln. **6. Reihe:** 2 Luftmaschen, wenden. 4 halbe Stäbchen, 2 x je 2 Maschen zusammen abmaschen, 5 halbe Stäbchen, dann die Reihe gegengleich beenden = 17 Maschen. **7. Reihe:** 2 Luftmaschen, wenden. 3 halbe Stäbchen, 2 x 2 Maschen zusammen abmaschen, 3 halbe Stäbchen, dann die Reihe gegengleich beenden = 13 Maschen. **8. Reihe:** 2 Luftmaschen, wenden. Halbe Stäbchen, dabei die 4. und 5. und die 9. und 10. Masche zusammen abmaschen = 11 Maschen. **9. Reihe:** 2 Luftmaschen, wenden. Halbe Stäbchen = 11 Maschen. Den Faden abschneiden. Für die **Ohren** die Häkelrichtung der letzten Reihe beibehalten = Frontansicht. In die 1. und letzte Masche der 7. Reihe jeweils mit Schwarz neu anschlingen, 5 Luftmaschen und 1 Wendeluft-

masche häkeln. 5 halbe Stäbchen zurück häkeln. Den Faden abschneiden. In Weiß für jedes Ohr neu anschlingen und die schwarzen Ohrenmitten beidseits mit halben Stäbchen behäkeln, dabei in die obere Wende-Luftmasche 3 Maschen häkeln. Den Faden abschneiden. In Orange neu anschlingen und die Ohren jeweils mit halben Stäbchen behäkeln, dabei in die oberste Masche 3 halbe Stäbchen häkeln. Das Teil anschließend rundum

mit festen Maschen behäkeln, beginnend unterhalb vom linken Ohr.

Fertigstellung: An der rechten Ohrspitze für den **Aufhänger** 5 Luftmaschen häkeln, 2 Maschen übergehen und weiter feste Maschen häkeln. **Augen, Mund und Barthaare** gemäß Abbildung beidseitig aufsticken.

Starke Kontraste

Topflappen · Größe: ca. 19 cm ø   Schwierigkeitsgrad ●

Material
- Baumwollgarn (Lauflänge 125 m/50 g):
  je 50 g in Schwarz und Weiß
- 1 Häkelnadel Nr. 2 – 2,5
- 1 Sticknadel

Grundmuster: Mit Stäbchen in Runden häkeln, dabei jede Runde mit 3 Luftmaschen als Ersatz für das 1. Stäbchen beginnen und mit 1 Kettmasche in die 3. Anfangsluftmasche beenden. Für jede Zunahme 2 Stäbchen in eine Einstichstelle arbeiten.

Maschenprobe im Grundmuster: 20 Maschen und 10 Reihen = 10 x 10 cm

So wird´s gemacht

1. Runde: Pro Kreisfläche in einen Fadenring 12 Stäbchen häkeln, dann im Grundmuster wie folgt weiterhäkeln: **2. Runde:** jede Masche verdoppeln = 24 Stäbchen. **3. Runde:** jede 2. Masche verdoppeln = 36 Stäbchen. **4. Runde:** jede 2. Masche verdoppeln = 54 Stäbchen. **5. Runde:** 54 Stäbchen ohne Zunahmen.

6. Runde: jede 3. Masche verdoppeln = 72 Stäbchen. **7. Runde:** jede 3. Masche verdoppeln = 96 Stäbchen. **8. Runde:** jede 4. Masche verdoppeln = 120 Stäbchen. **9. Runde:** * 5 Stäbchen, 2 Luftmaschen, ab * stets wiederholen.

Pro Topflappen zwei Kreisflächen in Schwarz bzw. Weiß anfertigen und jeweils auf eine Fläche gemäß Abbildung ein Ziffernblatt aufsticken. Die römischen Zahlen werden mit Spannstichen und die Zeiger mit Stielstichen bestickt, dabei jeweils in der Kontrastfarbe arbeiten.

Nun die Kreisflächen aufeinander legen und in der Kontrastfarbe mit 1 Runde feste Maschen zusammenhäkeln, dabei in der oberen Mitte beginnen und jeweils in das mittlere der fünf Stäbchen sowie um jeden Luftmaschenbogen 3 feste Maschen in eine Einstichstelle arbeiten.

Fertigstellung: Am Ende der Runde für den Aufhänger 15 Luftmaschen anschlagen und mit 1 Kettmasche zur Runde schließen. Zuletzt die Schlaufe dicht mit festen Maschen umhäkeln.

Freches Rabenduo

Material
- Topflappengarn (100 % Baumwolle, Lauflänge 90 m/50 g): je 100 g in Orange und Schwarz
- Baumwollgarnrest in Weiß
- 1 Häkelnadel Nr. 4
- 1 Nähnadel
- 4 Halbkugeln (Knöpfe) in Schwarz

Grundmuster: Feste Maschen, dabei jede Reihe mit einer zusätzlichen Luftmasche wenden und mit 1 festen Masche in die erste feste Masche der Vorreihe beenden.

Maschenprobe im Grundmuster: 19 Maschen und 19 Reihen = 10 x 10 cm

Zählmuster siehe Umschlagklappe A.

So wird´s gemacht

An der Schnabelspitze beginnend 1 Luftmasche und 1 Wendeluftmasche in Orange anschlagen und gemäß Zählmuster arbeiten. Die Zunahmen beidseitig wie eingezeichnet ausführen. Dafür in die erste bzw. letzte Masche jeweils 2 feste Maschen häkeln. Nach der 20. Reihe ab Anschlag entweder für jede Farbfläche ein gesondertes Knäuel verwenden und beim Farbwechsel die Fäden miteinander verkreuzen. Nach 24 Reihen ab Anschlag mit den Abnahmen beginnen, dafür am Anfang der Reihe die 1. Masche mit einer Kettmasche überhäkeln, am Ende der Reihe die Masche unbehäkelt lassen. Nach 35 Reihen ab Anschlag enden.

Fertigstellung: Den Schnabel ringsum in Orange mit festen Maschen behäkeln und im Anschluss die Kontur zu Schwarz innerhalb des Topflappens mit Kettmaschen in Orange von oben behäkeln. Den Kopf ringsum in Schwarz mit festen Maschen behäkeln, dabei für die Kopffedern über den mittleren 8 festen Maschen der Kopfmitte nach jeder Masche 4 Luftmaschen arbeiten und diese mit 2 Kettmaschen und 2 festen Maschen zurück behäkeln. In der Kopfmitte eine Aufhängung aus 10 Luftmaschen in Schwarz anhäkeln. Für die Nasenlöcher in einen schwarzen Fadenring 6 feste Maschen häkeln. Die Runde mit 1 Kettmasche schließen und die Nasenlöcher aufnähen.

Für die Kontur des Schnabels die Einstichstellen der Umhäkelung des Schnabels über ca. 8 cm mit Kettmaschen in Schwarz von oben behäkeln. Für die Augen in Weiß in einen Fadenring 14 Stäbchen häkeln, dabei das erste Stäbchen durch 3 Luftmaschen ersetzen und die Runde mit 1 Kettmasche in die oberste Ersatzluftmasche schließen. Die Augen aufnähen, dann die Knöpfe als Pupillen auf die Augen nähen. Für die Augenbrauen in Orange 29 Luftmaschen anschlagen und wie folgt behäkeln: * je 1 Kettmasche in die ersten 2 Luftmaschen, je 1 feste Masche in die folgenden 2 Luftmaschen, je 1 halbes Stäbchen in die folgenden 2 Luftmaschen, je 1 Stäbchen in die folgenden 2 Luftmaschen, je 1 halbes Stäbchen in die folgenden 2 Luftmaschen, je 1 feste Masche in die folgenden 2 Luftmaschen, je 1 Kettmasche in die folgenden 2 Luftmaschen, eine Luftmasche übergehen, ab * stets wiederholen. Zum Schluss die Augenbrauen gemäß Abbildung aufnähen.

Flotte Flitzer

Topflappen • Größe: je ca. 25 x 16 cm

Material
- Baumwollgarn (Lauflänge 80 m/50 g): je 50 g in Schwarz, Hellgrün, Orange und Blau meliert
- Baumwollgarnrest in Rot, Wollweiß und Grau
- Rest Perlgarn in Schwarz
- 1 Häkelnadel Nr. 3,5
- 1 Sticknadel

Grundmuster: Mit festen Maschen gemäß Zählmuster häkeln, dabei jede Reihe mit 1 zusätzlichen Wendeluftmasche beginnen. Beim Farbwechsel die letzte Masche einer Farbe bereits mit der folgenden Farbe abmaschen. Mit einzelnen Knäueln arbeiten und beim Farbwechsel die Fäden auf der Rückseite der Arbeit miteinander verkreuzen bzw. bei kleineren Flächen den unbenutzten Faden mitführen und überhäkeln. Die Angaben in Klammern gelten für das hellgrüne Auto.

Zunahmen von festen Maschen: Am Reihenanfang entsprechend viele Luftmaschen arbeiten und diese mit festen Maschen behäkeln; am Reihenende entsprechend viele Stäbchen in den Fuß der letzten festen Maschen arbeiten.

Abnahmen von festen Maschen: Am Reihenanfang die abzunehmenden Maschen mit Kettmaschen überhäkeln; am Reihenende die abzunehmenden Maschen einfach unbehäkelt lassen.

Maschenprobe: 22 feste Maschen und 24 Reihen = 10 x 10 cm

So wird´s gemacht
Zunächst 55 Luftmaschen und 1 Wendeluftmasche in Schwarz (Grün) anschlagen und gemäß Zählmuster bis zur 32. Reihe häkeln. Nun die untere Hälfte der Räder über je 10 Maschen gemäß Zählmuster an den unteren Rand häkeln. Anschließend das ganze Teil in den Randfarben mit 1 Runde feste Maschen umhäkeln, dabei für die Aufhängung an den mit Pfeil markierten Stellen eine Schlaufe aus 15 Luftmaschen anhäkeln und diese mit festen Maschen behäkeln.

Fertigstellung: Beim orangefarbenen Auto die Konturen des vorderen Kotflügels sowie beim grünen Auto die Konturen des hinteren Kotflügels und die Fensterrahmen nach Abbildung mit Perlgarn und Kettenstichen aufsticken.

Zählmuster

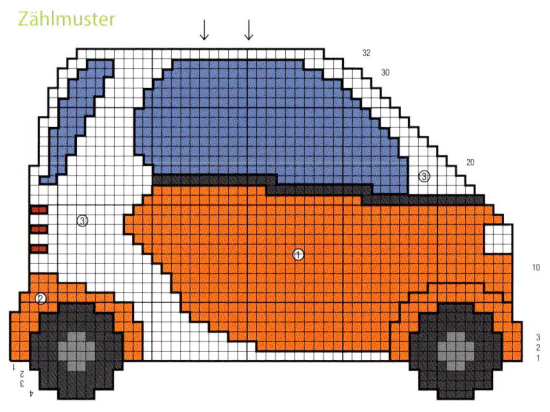

Zeichenerklärung:
- ■ = Schwarz
- ■ = Blau meliert
- [1] = Orange (Schwarz)
- [2] = Orange (Grün)
- [3] = Schwarz (Grün)
- ■ = Grau
- □ = Wollweiß
- ■ = Rot

1 Kästchen = 1 feste Masche bzw. 1 Reihe

Beerenstark

Topflappen · Größe: 24 x 26 cm   Schwierigkeitsgrad ●●

Material
- Baumwollgarn (Lauflänge 160 m/50g): 200 g in Rot und 50 g in Grün
- je 1 Häkelnadel Nr. 3,5 und Nr. 4
- 1 Sticknadel

Achtung: Das Garn stets doppelt verarbeiten.

Grundmuster: Mit Häkelnadel Nr. 4 auf 1 Luftmaschenkette in Hin- und Rückreihen stets feste Maschen häkeln. Die 1. feste Masche in der 1. Reihe in die 2. Luftmasche von der Nadel aus arbeiten. In jede Luftmasche bzw. feste Masche je 1 feste Masche häkeln. Jede Reihe mit 1 Luftmasche zusätzlich wenden.

Maschenprobe mit Häkelnadel Nr. 4 und doppeltem Faden: 18 feste Maschen und 18 Reihen = 10 x 10 cm
Wenn nicht anders angegeben, alle folgenden Arbeiten mit Nadel Nr. 4 arbeiten.

Zählmuster siehe Umschlagseite 3.

So wird´s gemacht
Für die **Erdbeere** (4 x arbeiten) zunächst 5 Luftmaschen und 1 Luftmasche zusätzlich in Rot anschlagen und gemäß Zählmuster im Grundmuster arbeiten. Die Zahlen rechts außen bezeichnen die Hinreihen, links außen die Rückreihen. In Höhe und Breite die gezeichneten Maschen und Rei-

hen je 1 x arbeiten, dabei die Zu- und Abnahmen wie eingezeichnet ausführen. Nach 37 Reihen ab Anschlag beide Seiten über je 13 feste Maschen getrennt beenden.
Für das **Blatt** (16 x arbeiten): 9 Luftmaschen und 1 Wendeluftmasche mit doppeltem Faden in Grün anschlagen und für die 1. Hälfte wie folgt häkeln:
1. Reihe: je 1 feste Masche in die 2. und 3. Luftmasche von der Nadel aus, je 1 halbes Stäbchen in die folgenden 2 Luftmaschen, je 1 Stäbchen in die nächsten 4 Luftmaschen, 5 Stäbchen in die letzte Luftmasche. Nun auf der gegenüberliegenden Seite der Anschlagsreihe in die noch freien Maschenglieder der Luftmasche die Maschen gegengleich zur 1. Hälfte zurück häkeln. Die Runde mit 1 Kettmasche in die 1. feste Masche schließen.
Für die **Aufhängung** (2 x arbeiten): 21 Luftmaschen und 1 Wendeluftmasche mit doppeltem Faden in Grün anschlagen und 1 Reihe Kettmaschen häkeln.

Fertigstellung: Jede Erdbeere gemäß Zählmuster mit Knötchenstichen in Grün (1-fädig) besticken. Je zwei Erdbeeren links auf links aufeinander legen und je 1 einen Aufhänger in die obere Mitte der Erdbeere nähen. Die Teile mit Häkelnadel Nr. 3,5 und doppeltem Faden in Rot mit 1 Runde Kettmaschen zusammenhäkeln und mit 1 Runde Krebsmaschen (= feste Masche von links nach rechts gehend) umhäkeln.
Zuletzt je 8 Blätter überlappend rund um die Aufhängung annähen, siehe Abbildung.

Schnieke Schnecken

Topflappen • Größe: ca. 25 x 18 cm   Schwierigkeitsgrad ●●

Material
- Baumwollgarn (Lauflänge 80 m/50 g): je 50 g in Braun-Rot gestreift, Grün-Blau gestreift und Weiß
- Rest Perlgarn in Schwarz und Orange
- je 1 Häkelnadel Nr. 3,5 und Nr. 1,5
- 1 Sticknadel

Grundmuster mit Häkelnadel Nr. 3,5: Mit festen Maschen in Runden bzw. Reihen häkeln. Jede Runde mit 1 Luftmasche als Ersatz für die 1. feste Masche beginnen und mit 1 Kettmasche in die Anfangsluftmasche beenden. Jede Reihe mit 1 zusätzlichen Wendeluftmasche beginnen. Für jede Zunahme 2 feste Maschen in eine Einstichstelle arbeiten. **Hinweis:** Der Farbverlauf ergibt sich aus der Einfärbung des Garns.

Maschenprobe mit Häkelnadel Nr. 3,5: 22 feste Maschen und 24 Reihen = 10 x 10 cm
Wenn nicht anders angegeben, alle folgenden Arbeiten mit Nadel Nr. 3,5 arbeiten.

So wird´s gemacht

Für den **Körper** in Braun-Rot bzw. Grün-Blau 4 Luftmaschen anschlagen, mit 1 Kettmasche zur Runde schließen und im Grundmuster weiterarbeiten, dabei in der 1. Runde 6 feste Maschen in den Ring arbeiten und in der 2. Runde jede Masche verdoppeln, dann in jeder Runde verteilt 6 Maschen zunehmen. Nach der 18. Runde = 108 Maschen, noch 1 Runde ohne Zunahmen häkeln, am Rundenende für den Aufhänger 15 Luftmaschen anschlagen, wenden, 4 Maschen übergehen, 1 Kettmasche, dann die Luftmaschenschlaufe mit festen Maschen behäkeln.

Für den **Schwanz** ab Rundenende bis zur 30. Masche vorgehen, Faden in Weiß anschlingen und in Reihen häkeln wie folgt: **1. Reihe:** je 1 feste Maschen auf die folgenden 15 Maschen. **2. Reihe:** 2 Maschen mit 2 Kettmaschen übergehen, 13 feste Maschen. **3. Reihe:** 1 Masche mit 1 Kettmasche übergehen, 11 feste Maschen. **4. Reihe:** 2 Maschen mit 2 Kettmaschen übergehen, 9 feste Maschen. **5. Reihe:** 1 Masche mit 1 Kettmasche übergehen, 7 feste Maschen. **6. Reihe:** 2 Maschen mit 2 Kettmaschen übergehen, 5 feste Maschen. **7. Reihe:** 1 Masche mit 1 Kettmasche übergehen, 3 feste Maschen. **8. Reihe:** 1 Masche mit 1 Kettmasche übergehen, in die folgenden 2 Maschen 2 zusammen abgemaschte feste Maschen.
Für den **Kopf** ab Rundenende bis zur 60. Masche vorgehen, Faden in Weiß anschlingen und wie folgt in Reihen häkeln: **1. Reihe:** 10 feste Maschen, * 2 feste Maschen in eine Masche, 9 feste Maschen, ab * 1 x wiederholen, 2 feste Maschen in eine Masche. **2. Reihe:** 2 feste Maschen in die 1. Masche, * 9 feste Maschen, 2 feste Maschen in eine Masche, ab * 1 x wiederholen, 10 feste Maschen. **3. Reihe:** 3 Maschen mit 3 Kettmaschen übergehen, 10 feste Maschen, * 2 feste Maschen in eine Masche, 9 feste Maschen, ab * 1 x wiederholen, 2 feste Maschen in die letzte Masche. **4. Reihe:** * 9 feste Maschen, 2 feste Maschen in eine Masche, ab * 2 x wiederholen, 11 feste Maschen. **5. Reihe:** 3 Maschen mit 3 Kettmaschen übergehen, 30 feste Maschen. **6. Reihe :** 27 feste Maschen. **7. Reihe:** 3 Maschen mit 3 Kettmaschen übergehen, 24 feste Maschen. **8. Reihe:** 12 feste Maschen. **9. Reihe:** 2 feste Maschen zusammen abmaschen, 8 feste Maschen, 2 feste Maschen zusammen abmaschen. **10. Reihe:** 2 feste Maschen zusammen

abmaschen, 6 feste Maschen, 2 feste Maschen zusammen abmaschen. **11. Reihe:** 2 feste Maschen zusammen abmaschen, 4 feste Maschen, 2 feste Maschen zusammen abmaschen. Den Rand von Schwanz und Kopf mit 1 Reihe feste Maschen umhäkeln. Für die Fühler 6 Luftmaschen und 1 Wendeluftmaschen anschlagen und die Luftmaschen mit festen Maschen behäkeln.

Fertigstellung: Auf das Schneckenhaus vom Kopf ausgehend im Uhrzeigersinn eine Spirale in Weiß mit Kettenstichen aufsticken. Für die **Augen** 4 Luftmaschen mit schwarzem Perlgarn und Nadel Nr. 1,5 anschlagen, mit 1 Kettmasche zur Runde schließen, dann 10 feste Maschen in den Ring häkeln und die Runde mit 1 Kettmaschen schließen. Die Augen aufnähen und den Mund mit orangefarbenem Perlgarn mit Kettenstichen aufsticken.

Schweineglück

Topflappen · Größe: ca. 20 cm ø   Schwierigkeitsgrad ●

Material
- Baumwollgarn (Lauflänge 70 m/50 g):
  100 g in Hellrosa
- Sticktwist in Hellrosa und Mittelblau
- je 30 x 60 cm Baumwollstoff in Rosa mit roten
  Punkten und Rosa mit roten Streifen
- 30 x 60 cm Bügelvlies
- 1 Häkelnadel Nr. 4,5
- je 1 Sticknadel mit und ohne Spitze
- 1 Nähnadel
- Nähgarn in Rosa

Grundmuster: Feste Maschen in Runden arbeiten, dabei jede Runde mit 2 Luftmaschen beginnen und mit 1 Kettmasche schließen. Für die Zunahmen die Maschen verdoppeln, dafür jeweils 2 Maschen in 1 Masche der Vorrunde häkeln.

Maschenprobe: 18 Maschen und 32 Reihen = 10 x 10 cm

Schnittmuster Ohren siehe Umschlagklappe B.

So wird´s gemacht

Zunächst eine Luftmaschenkette von 5 Maschen anschlagen und mit 1 Kettmasche zum Ring schließen. Dann wie folgt arbeiten: **1. Runde:** 8 feste Maschen in den Ring häkeln. **2. – 3. Runde:** Jede 2. Masche verdoppeln. **4. Runde:** Jede 3. Masche verdoppeln. **5. Runde:** Die 2. Masche und dann jede 4. Masche verdoppeln. **6. Runde:** Jede 5. Masche verdoppeln. **7. Runde:** Die 3. Masche und dann jede 7. Masche verdoppeln. **8. Runde:** Jede 8. Masche verdoppeln. **9. Runde:** Die 4. Masche und dann jede 9. Masche verdoppeln. **10. Runde:** Jede 10. Masche verdoppeln. **11. Runde:** Die 6. Masche und dann jede 12. Masche verdoppeln. **12. Runde:** Jede 14. Masche verdoppeln. **13. Runde:** Die 7. Masche und dann jede 15. Masche verdoppeln. **14. Runde:** Jede 16. Masche verdoppeln. **15. Runde:** Die 8. Masche und dann jede 17. Masche verdoppeln. **16. Runde:** Jede 18. Masche verdoppeln. **17. Runde:** Die 10. Masche und dann jede 19. Masche verdoppeln. **18. Runde:** Jede 20. Masche verdoppeln. **19. Runde:** Die 11. Masche und dann jede 21. Masche verdoppeln.

Für den **Aufhänger** 15 Luftmaschen anschlagen und an den oberen Kopfrand häkeln. Den zweiten Topflappen ebenso arbeiten.

Fertigstellung: Je ca. 10 x 10 cm von den Stoffen abschneiden und das Vlies aufbügeln. Aus beiden Stoffstücken einen **Rüssel** von 8 cm Ø zuschneiden, jeweils in der Mitte der Topflappen aufbügeln und nach Abbildung mit einfachen Nähstichen in Rosa festnähen. Für die **Ohren** das Bügelvlies zwischen die nach außen zeigenden bedruckten Stoffoberflächen bügeln. Mithilfe der Vorlage Papierschablonen herstellen und aus jedem der Stoffe je vier Ohren ausschneiden. Mittig einen ca. 5 cm langen Falz am Ohransatz mit einigen Stichen von hinten fixieren. Die Ohren wie abgebildet an die Topflappen nähen. Zuletzt die **Augen** und die **Nasenlöcher** mit Spannstichen aufsticken.

Lustige Frösche

Topflappen · Größe: je ca. 17 x 22 cm

Material
- Topflappengarn (100 % Baumwolle, Lauflänge 70 m/50 g): je 50 g in Grün und Hellgrün
- Baumwollgarnrest in Schwarz
- Perlgarn: je 1 Strang in Schwarz, Weiß und Orange
- je 1 Häkelnadel Nr. 1,5 und Nr. 3,5

Grundmuster mit Häkelnadel Nr. 3,5: Mit festen Maschen gemäß Zählmuster häkeln, dabei jede Reihe mit 1 zusätzlichen Wendeluftmasche beginnen. Beim Farbwechsel die letzte Masche einer Farbe bereits mit der folgenden Farbe abmaschen. Mit einzelnen Knäueln arbeiten und beim Farbwechsel die Fäden auf der Rückseite der Arbeit miteinander verkreuzen.

Zunahmen von festen Maschen: Am Reihenanfang entsprechend viele Luftmaschen arbeiten und diese mit festen Maschen behäkeln; am Reihenende entsprechend viele Stäbchen in den Fuß der letzten festen Masche arbeiten.

Abnahmen von festen Maschen: Am Reihenanfang die abzunehmenden Maschen mit Kettmaschen überhäkeln; am Reihenende die abzunehmenden Maschen einfach unbehäkelt lassen.

Auge mit Perlgarn in Weiß und Nadel Nr. 1,5: 10 Luftmaschen und 1 Wendeluftmasche anschlagen und 9 Reihen feste Maschen häkeln, dann in jeder Reihe die ersten und letzten 2 festen Maschen zusammen abmaschen = 2 Maschen.

Pupille mit Perlgarn in Schwarz und Nadel Nr. 1,5: 4 Luftmaschen anschlagen und mit 1 Kettmaschen zur Runde schließen, dann 16 feste Maschen in den Ring häkeln und noch 1 Runde feste Maschen arbeiten, dabei jede 2. Masche verdoppeln. Jede Runde mit 1 Luftmasche als Ersatz für die 1. feste Masche beginnen und mit 1 Kettmasche in die Anfangsluftmasche schließen.

Maschenprobe mit Häkelnadel Nr. 3,5: 21 feste Maschen und 21 Reihen = 10 x 10 cm
Wenn nicht anders angegeben, alle folgenden Arbeiten mit Nadel Nr. 3,5 arbeiten.

Zählmuster siehe Umschlagklappe B.

So wird´s gemacht

Grüner Frosch: In Grün 32 Luftmaschen und 1 Wendeluftmasche anschlagen und gemäß Zählmuster häkeln. Nach der 41. Reihe die Ohren getrennt beenden und nach der 44. Reihe enden. Nun das ganze Teil in Grün mit 1 Runde feste Maschen umhäkeln. Für den Aufhänger 15 Luftmaschen in Grün anschlagen, jeweils mit 1 Kettmasche am Rand anschlingen und mit festen Maschen umhäkeln.

Fertigstellung: Ein Augenpaar mit Pupillen häkeln und gemäß Zählmuster auf den Kopf nähen. Die Körperkonturen in Hellgrün im Kettenstich, den Mund mit schwarzem Baumwollgarn im Stielstich, die Nasenlöcher im Wickelstich und die Wangen mit Perlgarn in Orange im Kettenstich aufsticken.

Hellgrüner Frosch

Wie beim grünen Frosch arbeiten, jedoch die beiden Grüntöne gegeneinander austauschen.

Friedliches Gänsepaar

Topflappen · Größen: Linke Gans: ca. 15 x 26 cm · Rechte Gans: ca. 23 x 17 cm   Schwierigkeitsgrad ● ●

Material
- Topflappengarn (100 % Baumwolle, Lauflänge 70 m/50 g): für das Paar 100 g in Weiß und 50 g in Orange
- Häkelgarn (100 % Baumwolle, Lauflänge 265 x 50 g): 50 g in Blau
- Perlgarn: je 1 Strang in Beige, Schwarz und Braun
- 1 Häkelnadel Nr. 1,5 und Nr. 3,5
- 1 Sticknadel

Grundmuster mit Häkelnadel Nr. 3,5: Mit festen Maschen gemäß Zählmuster A und B häkeln, dabei jede Reihe mit 1 zusätzlichen Wendeluftmasche beginnen. Beim Farbwechsel die letzte Masche einer Farbe bereits mit der folgenden Farbe abmaschen. Mit einzelnen Knäueln arbeiten und beim Farbwechsel die Fäden auf der Rückseite der Arbeit miteinander verkreuzen.

Zunahmen von festen Maschen: Am Reihenanfang entsprechend viele Luftmaschen arbeiten und diese mit festen Maschen behäkeln; am Reihenende entsprechend viele Stäbchen in den Fuß der letzten festen Masche arbeiten.

Abnahmen von festen Maschen: Am Reihenanfang die abzunehmenden Maschen mit Kettmaschen überhäkeln; am Reihenende die abzunehmenden Maschen einfach unbehäkelt lassen.

Schleife mit Häkelgarn und Nadel Nr. 1,5: 8 Luftmaschen und 3 Wendeluftmaschen anschlagen und 50 Reihen mit Stäbchen häkeln, dabei jede Reihe mit 3 Wendeluftmaschen als Ersatz für das 1. Stäbchen beginnen.

Maschenprobe mit Häkelnadel Nr. 3,5: 21 feste Maschen und 21 Reihen = 10 x 10 cm

Wenn nicht anders angegeben, alle folgenden Arbeiten mit Nadel Nr. 3,5 arbeiten.

Zählmuster A und B siehe Umschlagklappe C.

So wird´s gemacht

Linke Gans: Zunächst im Weiß 6 Luftmaschen und 1 Wendeluftmasche anschlagen und nach Zählmuster B häkeln. Nach der 46. Reihe enden. Anschließend das Teil in den Randfarben mit 1 Runde feste Maschen umhäkeln. Für die Aufhängung 20 Luftmaschen in Weiß an den Rand häkeln, jeweils mit 1 Kettmasche anschlingen, dann mit festen Maschen behäkeln.

Fertigstellung: Das Auge in Schwarz sowie die Konturen der Federn in Beige jeweils mit Kettenstichen gemäß Zählmuster aufsticken. Eine Schleife häkeln und gemäß Abbildung am Hals der Gans befestigen.

Rechte Gans: Für das linke Bein 5 Luftmaschen, für das rechte Bein 7 Luftmaschen und 1 Wendeluftmasche in Weiß anschlagen und die 1. Reihe nach Zählmuster A häkeln, dabei die Beine mit 4 Luftmaschen Zwischenanschlag verbinden. Nun über alle Maschen nach Zählmuster A weiterarbeiten. In der 31. Reihe für die Aussparung in der Mitte 3 Maschen gemäß Zählmuster unbehäkelt stehen lassen und in der 35. Reihe beide Seiten wieder mit 8 Luftmaschen in Orange verbinden. Nach der 42. bzw. 44. Reihe enden. Die Füße in Orange gemäß Zählmuster A an den Anschlagrand häkeln. Das ganze Teil sowie die Aussparung in den Randfarben mit 1 Runde feste Maschen umhäkeln. Die Aufhängung wie oben beschrieben arbeiten.

Fertigstellung: Das Auge mit schwarzem Perlgarn und Nadel Nr. 1,5 arbeiten, dafür 4 Luftmaschen anschlagen und mit 1 Kettmasche zur Runde schließen. Anschließend 12 feste Maschen in den Ring häkeln und noch 1 Runde feste Maschen arbeiten, dabei jede 2. Masche verdoppeln.

Das Auge gemäß Zählmuster aufnähen. Die Konturen der Federn in Beige und der Füße in Braun jeweils mit Kettenstichen aufsticken. Eine Schleife häkeln, den Streifen zur Schleife legen und am Hals der Gans befestigen.

Süß-Sauer

Topflappen • Größen: Melone und Orange: ca. 19 cm ø • Zitrone: ca. 15 x 19 cm   Schwierigkeitsgrad ●

Material
- Baumwollgarn (Lauflänge 90 m/50 g):
  je 50 g in Rot, Gelb und Orange
- Baumwollgarnreste in Grün, Dunkelgrün
  und Weiß
- 1 Häkelnadel Nr. 3,5; Sticknadel

Grundmuster Melone und Orange: Mit festen Maschen in Runden häkeln, dabei jede Runde mit 1 Luftmasche als Ersatz für die 1. feste Masche beginnen und mit 1 Kettmasche in die Anfangsluftmasche beenden. Für jede Zunahme 2 feste Maschen in eine Masche arbeiten.

Grundmuster Zitrone: Mit festen Maschen in Reihen häkeln, dabei jede Reihe mit 1 zusätzlichen Wendeluftmasche beginnen. Für 1 Zunahme 2 feste Maschen in eine Masche arbeiten, für 1 bzw. 2 Abnahmen 1 bzw. 2 Maschen übergehen.

Blatt für Orange und Zitrone: Pro Blatt in Grün 12 Luftmaschen anschlagen und wie folgt häkeln: 1 feste Masche in die 3. Luftmasche ab Nadel, in die folgenden 8 Luftmaschen 1 halbes Stäbchen, 6 Stäbchen, 1 halbes Stäbchen, in die letzte Luftmasche 3 feste Maschen, dann die andere Seite des Anschlags mit 1 halben Stäbchen, 6 Stäbchen, 1 halbes Stäbchen und 1 festen Masche behäkeln.

Maschenprobe im Grundmuster: 22 feste Maschen und 24 Reihen = 10 x 10 cm

So wird´s gemacht
Melone
In Rot 5 Luftmaschen anschlagen und mit 1 Kettmasche zur Runde schließen, dann im Grundmuster wie folgt häkeln: **1. Runde:** 6 feste Maschen in den Ring. **2. – 20. Runde:** in jeder Runde verteilt 6 feste Maschen zunehmen = 102 Maschen. **21. Runde:** in Weiß ohne Zunahmen. **22. Runde:** in Grün ohne Zunahmen, dabei am Rundenende für den Aufhänger 12 Luftmaschen anschlagen, mit 1 Kettmasche zur Schlaufe schließen und mit 15 festen Maschen umhäkeln.

Fertigstellung: Mit Margeritenstichen (über je 1 Masche und 2 Runden) 2 Runden Kerne aufsticken.

Zitrone
In Gelb 15 Luftmaschen und 1 Wendeluftmasche anschlagen und im Grundmuster wie folgt häkeln: **1. Reihe:** 15 feste Maschen. **2. – 10. Reihe:** beidseits je 1 Masche zunehmen = 33 Maschen. **11. – 24. Reihe:** feste Maschen ohne Zunahmen. **25. Reihe:** beidseits je 1 Masche abnehmen = 31 Maschen. **26. Reihe:** ohne Abnahmen. **27. – 36. Reihe:** die 25. und 26. Reihe stets wiederholen = 21 Maschen. **37. und 38. Reihe:** beidseits je 1 Masche abnehmen = 17 Maschen. **39. und 40. Reihe:** beidseits je 2 Maschen abnehmen = 9 Maschen. **41. – 43. Reihe:** beidseits je 1 Masche abnehmen = 3 Maschen.

Fertigstellung: Das Teil in Gelb mit 1 Runde feste Maschen umhäkeln, dabei in die Spitze 3 feste Maschen arbeiten. Für den Aufhänger in der Mitte des Anschlags 12 Luftmaschen anschlagen, mit 1 Kettmasche zur Schlaufe schließen und mit 15 feste Maschen umhäkeln. Ein Blatt häkeln und unter dem Henkel annähen.

Orange

In Orange 5 Luftmaschen anschlagen und mit 1 Kettmasche zur Runde schließen. Weiter im Grundmuster: **1. Runde:** 6 feste Maschen in den Ring. **2. – 20. Runde:** in jeder Runde verteilt 6 feste Maschen zunehmen = 120 Maschen. **21. Runde:** in Weiß ohne Zunahmen. **22. Runde:** in Orange ohne Zunahmen, dabei am Rundenende für den Aufhänger 12 Luftmaschen anschlagen, mit 1 Kettmasche zur Schlaufe schließen und diese mit 15 festen Maschen umhäkeln.

Fertigstellung: Die innere Fläche mit weißen Kettenstichen in 8 Spalten unterteilen. Für die Mitte in Weiß 2 Luftmaschen anschlagen und 6 feste Maschen in die 1. Luftmasche arbeiten, mit 1 Kettmasche zum Kreis schließen. Diesen in die Mitte nähen und mit weißen Margeritenstichen (über je 1 Masche und 1 Runde) die Kerne nach Belieben aufsticken. Ein gehäkeltes Blatt unter dem Henkel annähen.

Spiegeleier

Topflappen · Größe: ca. 20 x 27 cm

Schwierigkeitsgrad ●

Material
- Topflappengarn (100 % Baumwolle, Lauflänge 80 m/50 g): je 100 g in Weiß und 25 g in Orangegelb
- Rest Häkelgarn in Dunkelbraun
- 1 Häkelnadel Nr. 3
- 1 Nähnadel
- etwas Füllwatte

Grundmuster: Mit festen Maschen in Reihen häkeln, dabei jede Reihe mit 1 Luftmasche wenden.

Maschenprobe: 20 Maschen und 23 Reihen = 10 x 10 cm

So wird´s gemacht
Zunächst 8 Luftmaschen und 1 Wendeluftmasche in Weiß anschlagen und im Grundmuster gemäß Häkelschrift arbeiten. Nach Beendigung der 34. Reihe den Topflappen mit 1 Runde feste Maschen umhäkeln, dabei an der breitesten Stelle für den Aufhänger 16 Luftmaschen einarbeiten. Nun den Topflappen noch mit 1 Runde feste Maschen in Dunkelbraun umhäkeln, dabei den Aufhänger übergehen.

Für den Dotter in Orangegelb 2 Luftmaschen anschlagen, in die 1. Luftmasche 6 feste Maschen arbeiten und mit Kettmaschen zur Runde schließen. Mit festen Maschen in Runden weiterhäkeln, dabei jede Runde mit 1 Ersatzluftmasche beginnen und mit Kettmaschen schließen. 2. Runde: in jede Masche 2 feste Maschen häkeln = 12 Maschen. 3. Runde: in jede 2. Masche 2 feste Maschen arbeiten = 18 Maschen. 4. Runde: wie 3. Runde = 27 Maschen. 5. Runde: in jede 3. Masche 2 feste Maschen arbeiten = 36 Maschen. 6. und 7. Runde: in jede 6. Masche 2 feste Maschen = 49 Maschen.

Fertigstellung: Den Dotter gemäß Abbildung aufnähen, dabei mit etwas Füllwatte ausstopfen.

Häkelschrift

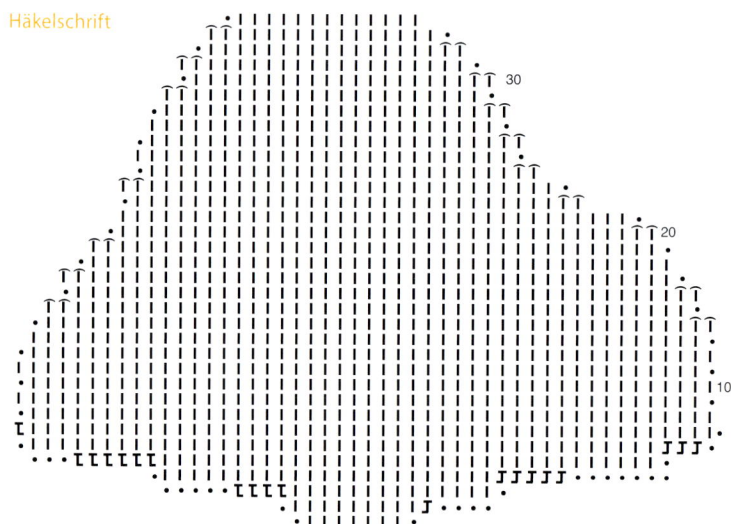

Zeichenerklärung:
- ● = 1 Luftmasche
- I = 1 feste Masche
- ⌒ = 1 Kettmasche
- ⊺ + ⅃ = 1 halbes Stäbchen in den Fuß der vorherigen Masche

Glückskäfer

Topflappen • Größe: ca. 23 x 17 cm

Material
- Topflappengarn (100 % Baumwolle, Lauflänge 70 m/50 g): für das Paar 100 g in Rot, je 50 g in Schwarz und Rosa
- Perlgarn: je 1 Strang in Schwarz und Rot
- je 1 Häkelnadel Nr. 1,5 und 3,5
- 1 Sticknadel

Grundmuster mit Häkelnadel Nr. 3,5: Mit festen Maschen gemäß Zählmuster häkeln, dabei jede Reihe mit 1 zusätzlichen Wendeluftmasche beginnen. Beim Farbwechsel die letzte Masche einer Farbe bereits mit der folgenden Farbe abmaschen. Mit einzelnen Knäueln arbeiten und beim Farbwechsel die Farbe auf der Rückseite der Arbeit miteinander verkreuzen.

Auge mit Perlgarn in Schwarz und Nadel Nr. 1,5: 4 Luftmaschen anschlagen und mit 1 Kettmasche zur Runde schließen, dann 12 feste Maschen in den Ring häkeln und mit 1 Kettmasche schließen.

Zunahmen von festen Maschen: Am Reihenanfang entsprechend viele Luftmaschen arbeiten und diese mit festen Maschen behäkeln; am Reihenende entsprechend viele Stäbchen in den Fuß der letzten festen Masche arbeiten.

Abnahmen von festen Maschen: Am Reihenanfang die abzunehmenden Maschen mit Kettmaschen überhäkeln; am Reihenende die abzunehmenden Maschen einfach unbehäkelt lassen.

Maschenprobe mit Häkelnadel Nr. 3,5: 21 feste Maschen und 21 Reihen = 10 x 10 cm
Wenn nicht anders angegeben, alle folgenden Arbeiten mit Nadel Nr. 3,5 arbeiten.

Zählmuster siehe Seite 47.

So wird´s gemacht

Zunächst in Rosa 8 Luftmaschen und 1 Wende-Luftmaschen anschlagen und nach Zählmuster häkeln. Nach der 48. Reihe enden. Anschließend das ganze Teil in den Randfarben mit 1 Runde feste Maschen umhäkeln, dabei für die Fühler an den mit „x" markierten Stellen 4 Luftmaschen und 1 Wendeluftmasche arbeiten, die 4 Luftmaschen mit je 1 festen Masche behäkeln, dann die Umrandung fortsetzen. Nun die drei **Füße** nacheinander in Schwarz über je 9 feste Maschen verteilt an den unteren Rand des Käfers häkeln (jeweils bei Pfeil beginnen), dabei ab der 3. Reihe in jeder Reihe die ersten und letzten 2 festen Maschen zusammen abmaschen = 3 Maschen. Die **Aufhängung** in Rot arbeiten, dafür von * zu * 15 Luftmaschen an den Rand häkeln, jeweils mit 1 Kettmasche anschlingen, dann die Luftmaschenkette mit festen Maschen umhäkeln.

Fertigstellung: Ein Paar **Augen** häkeln und gemäß Zählmuster aufnähen. Die **Nase** in Schwarz und den **Mund** in Rot jeweils mit Perlgarn und Kettenstichen aufsticken. Die Trennlinie der **Flügel** mit schwarzem Topflappengarn mit Kettenstichen gemäß Zählmuster aufsticken.

Den zweiten Topflappen ebenso arbeiten.

SOS für die Kombüse

Topflappen · Größe: ca. 29 cm ø

Material
- Topflappengarn (100 % Baumwolle, Lauflänge 90 m/50 g): 250 g in Weiß, je 50 g in Hellgrau, Terracotta und Marineblau
- 1 Häkelnadel Nr. 4
- 1 Sticknadel mit Spitze
- 8 Plastikringe in Weiß, ø 30 cm
- 15 x 15 cm wasserlösliches Stickvlies
- wasserfester Filzstift

Grundmuster: Feste Maschen in Spiralrunden häkeln. Die Maschen verdoppeln = je 2 feste Masche in 1 feste Masche der Vorrunde häkeln. Diese Zunahmen in jeder Runde versetzen, damit die Form schön rund wird.

Maschenprobe: 21 feste Maschen und 21 Reihen = 10 x 10 cm

So wird´s gemacht

Zunächst in Hellgrau 2 Luftmaschen anschlagen, dann im Grundmuster häkeln. Den Rundenbeginn mit einem andersfarbigen Faden markieren. **1. Runde:** 6 feste Maschen in die 2. Luftmasche ab Nadel häkeln. **2. Runde:** jede Masche verdoppeln = 12 Maschen. **3. Runde:** jede 2. Masche verdoppeln = 18 Maschen. **4. Runde:** jede 3. Masche verdoppeln = 24 Maschen. **5. Runde:** jede 4. Masche verdoppeln = 30 Maschen. Nach diesem Prinzip weiterarbeiten, bis in der **11. Runde** jede 10. Masche verdoppelt ist = 66 Maschen. **12. Runde:** in Marine häkeln und jede 11. Masche verdoppeln = 72 Maschen. In Weiß weiterhäkeln. **13. Runde:** jede 12. Masche verdoppeln = 78 Maschen. So weiterarbeiten, bis in der 22. Runde jede 21. Masche verdoppelt ist = 132 Maschen. **23. und 24. Runde:** ohne Zunahmen abwechselnd 3 Maschen in Rot und 1 Masche in Weiß häkeln. **25. Runde:** Kettmaschen in Rot.

Für den **Aufhänger** vier Plastikringe mit festen Maschen in Marine umhäkeln und nach Abbildung an den Topflappen nähen. Rote Wellenlinien mit doppelten Kettenstichen aufsticken.

Fertigstellung: Den „SOS"-Schriftzug mit wasserfestem Filzstift auf das Stickvlies übertragen. Dann das Stickvlies mittig auf den Topflappen heften und die Buchstaben mit einfachen Kettenstichen nachsticken. Das Stickvlies auswaschen Den zweiten Topflappen ebenso arbeiten.

Schriftzug

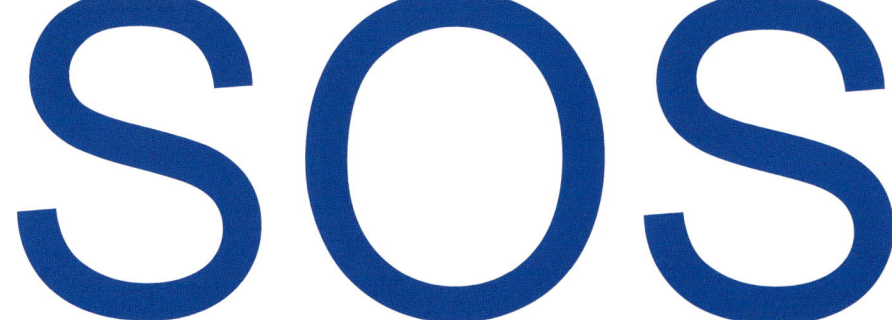

Fliegenpilze

Topflappen • Größe: ca. 20 x 28 cm Schwierigkeitsgrad ●●●

Material
- Topflappengarn (100 % Baumwolle, Lauflänge 70 m/50 g): 100 g in Rot und 50 g in Natur
- Baumwollgarnrest in Beige und Weiß
- je 1 Häkelnadel Nr. 3 und Nr. 4
- 1 Nähnadel

Muster: Luftmaschen, Kettmaschen, feste Maschen und Picots nach Anleitung und Häkelschrift.
Picot: 3 Luftmaschen, 1 feste Masche zurück in die 1. Luftmasche.
Zacken: 2 x in Natur mit Häkelnadel Nr. 4 häkeln. Dafür jeweils 14 Luftmaschen und 1 Wendeluftmasche anschlagen und wenden. Nach Häkelschrift für die Zacken fortfahren.
Punkte: Pro Topflappen 12 Punkte in Weiß mit Häkelnadel Nr. 3 häkeln. **1. Runde:** In einen Fadenring 8 feste Maschen häkeln. **2. Runde:** jede 2. Masche verdoppeln.
Zunahmen von festen Maschen: Am Reihenanfang entsprechend viele Luftmaschen arbeiten und diese mit festen Maschen behäkeln. Am Reihenende entsprechend viele Stäbchen in den Fuß der letzten Masche arbeiten.
Abnahmen von festen Maschen: Am Reihenanfang die abzunehmenden Maschen mit Kettmaschen überhäkeln. Am Reihenende die abzunehmenden Maschen unbehäkelt lassen

Maschenprobe mit Häkelnadel Nr. 4: 17 feste Maschen und 19 Reihen = 10 x 10 cm
Wenn nicht anders angegeben, alle folgenden Arbeiten mit Nadel Nr. 4 arbeiten.

Zählmuster und Häkelschrift siehe Umschlagseite 3.

So wird´s gemacht
Zunächst 2 x in Natur mit Nadel Nr. 4 beginnen, dafür jeweils 9 Luftmaschen und 1 Wendeluftmasche anschlagen und wenden. Nach Zählmuster fortfahren. Beim Farbwechsel die letzte Masche einer Farbe bereits mit der folgenden Farbe abmaschen. Mit einzelnen Knäueln pro Farbfläche arbeiten und beim Farbwechsel die Fäden auf der Rückseite der Arbeit miteinander verkreuzen. Am Reihenanfang stets 1 zusätzliche Wendeluftmasche häkeln. In der 18. Reihe die zuvor gehäkelten Zacken mitfassen. Nach der letzten Reihe 10 Luftmaschen für den Aufhänger häkeln und mit 1 Kettmasche anschlingen, siehe Abbildung.

Fertigstellung: Den Fuß in Natur und den Kopf in Rot mit festen Maschen umhäkeln, dabei über den Aufhänger 12 feste Maschen häkeln. Zuletzt die zuvor hergestellten Punkte, gemäß Abbildung, aufnähen.

Waldbewohner

Material
- Topflappengarn (100 % Baumwolle, Lauflänge 70 m/50 g): für das Paar je 50 g in Dunkelbraun, Hellbraun, Sand und Orange
- Perlgarn: je 1 Strang in Schwarz und Orange
- je 1 Häkelnadel Nr. 1,5 und Nr. 3,5

Die Angaben für die hellbraune Eule stehen in Klammern.

Grundmuster mit Häkelnadel Nr. 3,5: Mit festen Maschen gemäß Zählmuster A häkeln, dabei jede Reihe mit 1 zusätzlichen Wendeluftmasche beginnen. Beim Farbwechsel die letzte Masche einer Farbe bereits mit der folgenden Farbe abmaschen.

Schnabel mit Perlgarn in Orange und Nadel Nr. 1,5: 1 Luftmasche und 1 Wendeluftmasche anschlagen und gemäß Häkelschrift häkeln.

Pupille mit Perlgarn in Schwarz und Nadel Nr. 1,5: 4 Luftmaschen anschlagen und mit 1 Kettmasche zur Runde schließen. 12 feste Maschen in den Ring häkeln, mit 1 Kettmasche schließen.

Zunahmen von festen Maschen: Am Reihenanfang entsprechend viele Luftmaschen arbeiten und diese mit festen Maschen behäkeln. Am Reihenende entsprechend viele Stäbchen in den Fuß der letzten Masche arbeiten.

Abnahmen von festen Maschen: Am Reihenanfang die abzunehmenden Maschen mit Kettmaschen überhäkeln. Am Reihenende die abzunehmenden Maschen unbehäkelt lassen

Maschenprobe mit Häkelnadel Nr. 3,5: 21 feste Maschen und 21 Reihen = 10 x 10 cm

Wenn nicht anders angegeben, alle folgenden Arbeiten mit Nadel Nr. 3,5 arbeiten.

Zählmuster und Häkelschrift siehe Seite 47.

So wird's gemacht

Zunächst in Dunkelbraun (Hellbraun) 18 Luftmaschen und 1 Wendeluftmasche anschlagen und nach Zählmuster häkeln. Nach der 41. Reihe enden. Anschließend das ganze Teil in Dunkelbraun (Hellbraun) mit 1 Runde feste Maschen umhäkeln und die Ohren in Dunkelbraun (Hellbraun) anhäkeln. Dafür zwischen den Pfeilen 10 feste Maschen häkeln, dabei die mittleren 2 festen Maschen in eine Einstichstelle arbeiten und über diese 10 feste Maschen noch weitere 4 Reihen feste Maschen häkeln, dabei in jeder Reihe die ersten und letzten 2 festen Maschen zusammen abmaschen. An den unteren Rand die Füße mit Topflappengarn in Orange über je 7 feste Maschen gemäß Zählmuster anhäkeln. Die Aufhängung in Dunkelbraun (Hellbraun) arbeiten, dafür von * zu * 15 Luftmaschen häkeln und jeweils mit 1 Kettmasche am Rand anschlingen. Die Luftmaschenkette mit festen Maschen umhäkeln.

Fertigstellung: Pro Topflappen ein Paar Pupillen und ein Schnabel häkeln und gemäß Zählmuster aufnähen. Nun im Kettenstich die Iris um die Pupillen in Dunkelbraun (Hellbraun) sowie die Konturen in Hellbraun (Sand) aufsticken.

Von Herzen

Material
- Baumwollgarn (Lauflänge 125 m/50 g):
  50 g in Pink
- je 1 Häkelnadel Nr. 3 und Nr. 4

Achtung: Das Garn stets doppelt verarbeiten.

Grundmuster: Auf eine Luftmaschenkette feste Maschen häkeln. Die 1. Masche in der 1. Reihe in die 2. Luftmasche von der Nadel aus häkeln. Jede weitere Reihe mit 1 zusätzlichen Luftmasche wenden. Das Zählmuster zeigt die 1. Hälfte des Motivs. In der Breite die gezeichneten Maschen 1 x arbeiten, dann die 2. Hälfte gegengleich ergänzen.
Picot: 4 Luftmaschen und 1 feste Masche zurück in die 1. Luftmasche häkeln.

Maschenprobe mit doppeltem Faden und Häkelnadel Nr. 4: 17 Maschen und 19 Reihen = 10 x 10 cm
Wenn nicht anders angegeben, alle folgenden Arbeiten mit Nadel Nr. 4 arbeiten.

So wird´s gemacht
Zunächst 3 Luftmaschen und 1 Wendeluftmasche mit Nadel Nr. 4 in Pink anschlagen und im Grundmuster gemäß Zählmuster häkeln, dabei die Zu- und Abnahmen wie eingezeichnet ausführen. In der Höhe die **1. – 31. Reihe** 1 x ausführen. Danach die Arbeit teilen und die **32. – 39. Reihe** für beide Seiten getrennt beenden.

Fertigstellung: Den Topflappen spannen, anfeuchten und trocknen lassen. Nun den äußeren Rand behäkeln, dazu den doppelten Faden mit Nadel Nr. 4 in der entsprechenden Farbe an der

Herzspitze anschlingen und wie folgt häkeln:
* 1 Kettmasche, 1 Picot , ab * stets wiederholen, dabei zwischen den Kettmaschen je ca. 1,5 cm Abstand lassen. Die Runde mit 1 Kettmasche in die 1. Kettmasche schließen.
Für den **Aufhänger** einen einfachen Faden mit Nadel Nr. 3 seitlich an der Herzrundung anschlingen, 20 Luftmaschen häkeln und die Luftmaschenkette mit 1 Kettmasche dicht neben der Anschlingstelle fixieren. Zuletzt die Luftmaschenkette mit ca. 26 festen Maschen umhäkeln.

Zählmuster

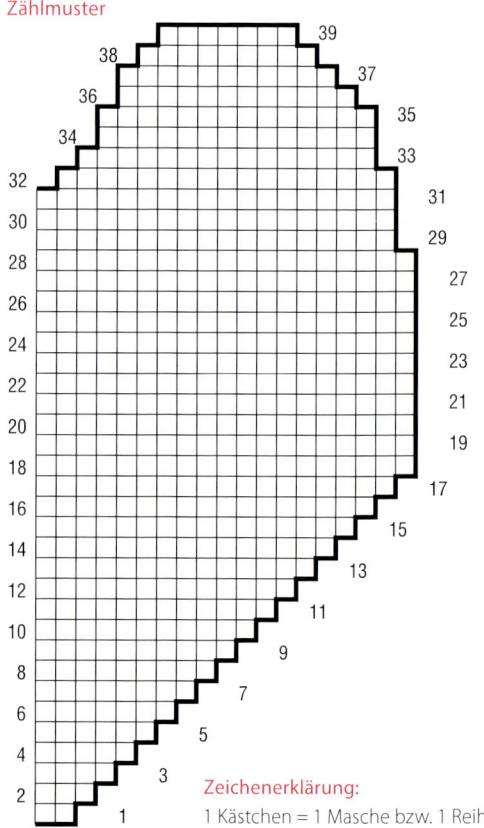

Zeichenerklärung:
1 Kästchen = 1 Masche bzw. 1 Reihe

Für die Weihnachtsküche

Topflappen • Größe: ca. 23 x 23 cm

Material
- Mischgarn (60 % Baumwolle, 40 % Acryl; Lauflänge 70 m/50 g): 50 g in Grün
- Mischgarnreste in Orange, Hellblau, Lila, Gelb und Rot
- 1 Häkelnadel Nr. 5
- 1 Nähnadel
- 8 bunte Holzperlen

Grundmuster: Mit festen Maschen in Reihen häkeln, dabei jede Reihe mit 1 zusätzlichen Wendeluftmasche beginnen.

Noppen: An der gewünschten Stelle in den Tannenbaum einstechen und den Arbeitsfaden anschlingen, 2 Luftmaschen häkeln und 5 zusammen abgemaschte Stäbchen in die gleiche Einstichstelle arbeiten, d. h. stets nur 1 x 2 Schlingen abmaschen, dann alle Schlingen zusammen abmaschen. Die Noppe mit einer weiteren Kettmasche am Tannenbaum befestigen. Die Fäden auf die Rückseite ziehen und verknoten.

Zunahmen von festen Maschen: Am Reihenanfang entsprechend viele Luftmaschen arbeiten und diese mit festen Maschen behäkeln; am Reihenende entsprechend viele Stäbchen in den Fuß der letzten festen Masche arbeiten.

Maschenprobe: ca. 14 Maschen und 16 Reihen = 10 x 10 cm

So wird´s gemacht
Zunächst 35 Luftmaschen und 1 Wendeluftmaschen anschlagen und gemäß Zählmuster hä-
keln. Nach der letzten Masche für den Aufhänger 15 Luftmaschen häkeln und mit 1 Kettmasche an der Spitze zur Schlaufe schließen. Anschließend die Schlaufe dicht mit festen Maschen umhäkeln. Für den **Stamm** an der Anschlagkante über die mittleren 9 Maschen in Gelb 3 cm im Grundmuster häkeln. Ca. 8 Noppen in verschiedenen Farben auf dem Tannenbaum verteilt arbeiten.

Fertigstellung: An den äußeren Tannenspitzen beidseits je eine Perle annähen, siehe Abbildung.

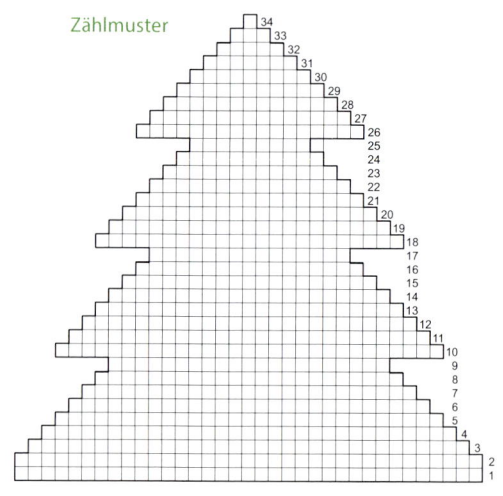

Zählmuster

Zeichenerklärung:
1 Kästchen = 1 Masche bzw. 1 Reihe

Grundkurs Häkeln

Luftmaschenanschlag

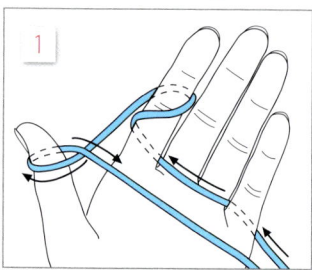

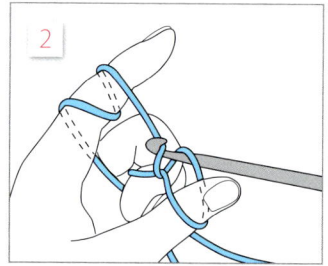

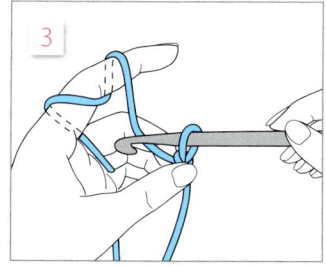

Den Faden wie im Bild gezeigt um die Finger und den Daumen der linken Hand legen.

Die Häkelnadel von unten in die Daumenschlinge schieben. Den Faden, der vom Zeigefinger kommt, mit der Häkelnadel fassen und durch die Daumenschlinge ziehen.

Die erste Schlinge liegt auf der Nadel. Die Schlinge so anziehen, dass sie locker auf der Nadel liegt, aber nicht herunterrutscht.

Kettmasche

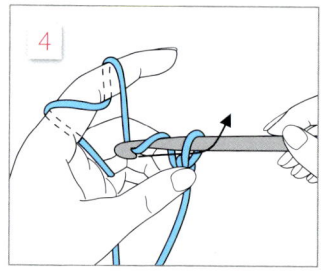

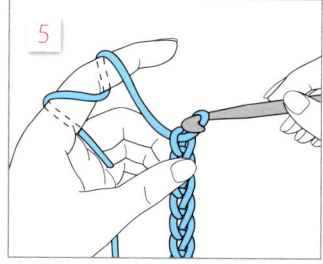

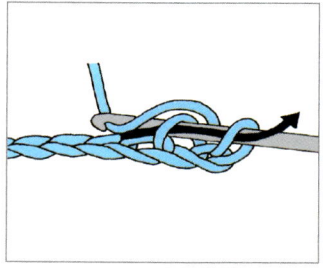

Den Anschlagsknoten mit Daumen und Mittelfinger halten, den Faden, der vom Zeigefinger kommt, von hinten nach vorn über die Nadel legen und den Umschlag durch die Anfangsschlinge ziehen.

Schritt 4 so oft wiederholen, bis die gewünschte Luftmaschenzahl erreicht ist. Dabei jeweils die letzte Luftmasche mit Daumen und Zeigefinger halten.

In die zweite Masche von der Nadel aus einstechen, den Faden zur Schlinge durchholen und durch die auf der Nadel befindliche Schlinge ziehen.

Feste Maschen

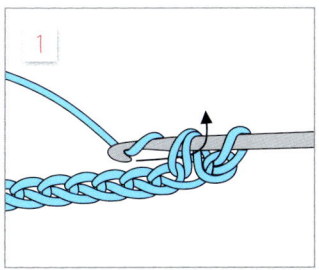

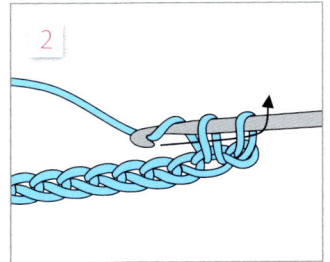

In die folgende Masche einstechen und den Faden von hinten nach vorn um die Nadel legen. Diesen Umschlag durchziehen.

1 neuen Umschlag bilden und durch beide Schlingen ziehen (= abmaschen). Die erste Luftmasche ist fertig. Schritt 1 und 2 bis zum Reihenende stets wiederholen.

Halbes Stäbchen

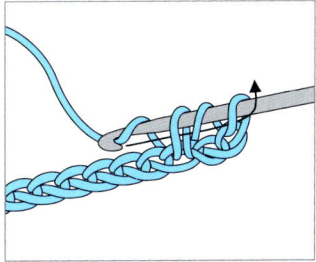

Wie bei Stäbchen Bild 1 (s.u.) beginnen, dann aber mit 1 Umschlag alle 3 Schlingen auf einmal abmaschen.

Stäbchen

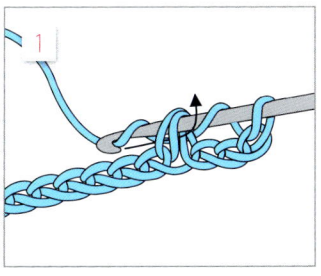

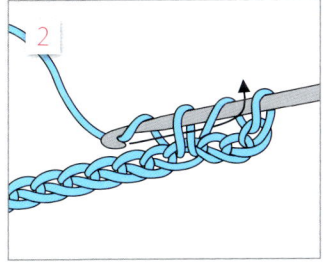

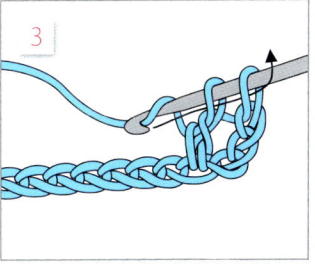

1 Umschlag bilden, in die Masche einstechen, noch 1 Umschlag bilden und diesen durch die Masche ziehen.

1 Umschlag bilden und durch die ersten zwei Schlingen auf der Nadel ziehen.

1 Umschlag bilden und durch die letzten 2 Schlingen auf der Nadel ziehen.

Grundkurs Häkeln

Doppelstäbchen

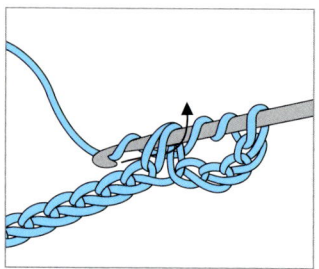

Wie Stäbchen arbeiten, jedoch vor dem Einstechen in die Masche 2 Umschläge bilden. Dann nacheinander je 2 Schlingen zusammen abmaschen. (Für Dreifachstäbchen entsprechend 3 Umschläge bilden.)

Farbwechsel am Rand

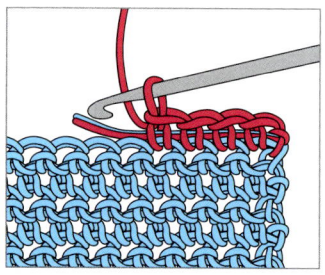

Am Ende der Vorreihe bereits die letzte Masche mit dem Faden der neuen Farbe abmaschen. Arbeit wenden, Fadenende und -anfang mit den ersten Maschen überhäkeln.

Farbwechsel innerhalb der Reihe

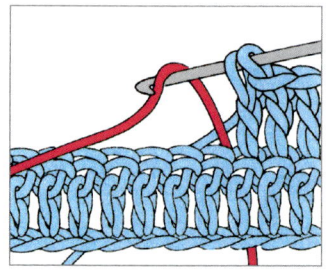

Für die letzte feste Masche der alten Farbe 1 Umschlag bilden, den Faden zur Schlinge durchholen, mit dem Faden der neuen Farbe 1 Umschlag bilden und damit beide Schlingen auf der Nadel abmaschen.

Arbeitsbeginn mit Fadenring

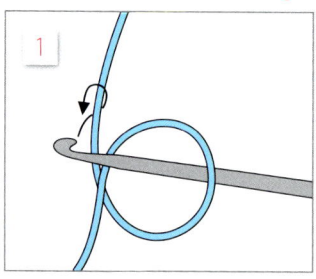

Faden zur Schlinge legen, die Nadel einstechen, den Faden um die Nadel legen und diesen Umschlag durchziehen, aber nicht festziehen, sondern locker geschlungen lassen.

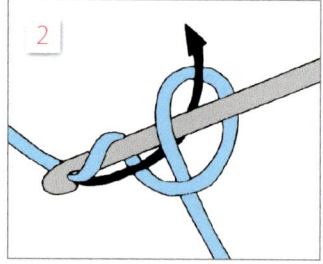

Faden wie üblich halten und den Kreuzungspunkt der Fadenschlinge mit Mittelfinger und Daumen festhalten, 1 Umschlag bilden und durch die Schlinge auf der Nadel ziehen.

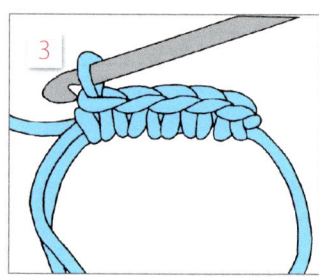

Jetzt die erste Runde in den Ring arbeiten und durch Ziehen am Faden die Fadenschlinge zuziehen.

Abnahme am Rand

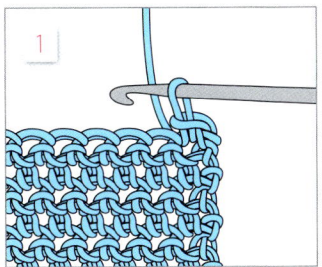

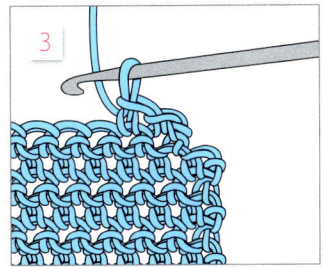

Am rechten Rand 1 Masche bzw. die angegebene Zahl Maschen übergehen. Dazu in soviele Maschen wie abgenommen werden Kettmaschen häkeln. Diese in der Rückreihe nicht behäkeln.

Bis zum linken Rand häkeln, aber die letzte Masche bzw. die angegebene Zahl Maschen unbehäkelt lassen. Folgt in der nächsten Reihe keine Abnahme, die 1 Masche durch eine Wende-Luftmasche ersetzen.

Wird in der folgenden Reihe sofort wieder abgenommen, die entsprechenden Maschen mit Kettmaschen überhäkeln und mustergemäß weiterarbeiten.

Zunahme am Rand

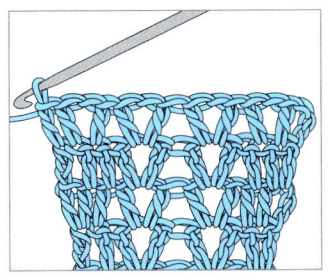

Am Anfang bzw. Ende der Reihe in die 1. bzw. letzte Masche der Vorreihe 2 Maschen häkeln.

Feste Maschen in Spiralrunden

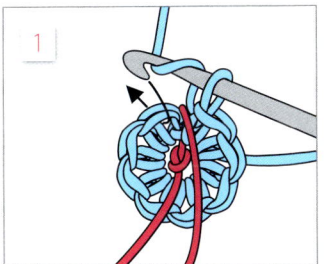

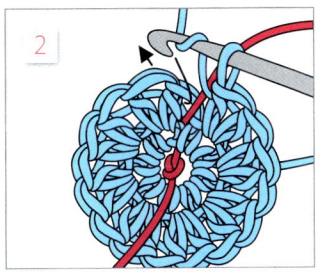

Maschen nach Anleitung anschlagen und mit einer Kettmasche zur Runde schließen. Den Rundenübergang mit andersfarbigem Faden markieren. Dann die 2. Runde häkeln, dabei in jede Masche der Vorrunde häkeln.

An jedem Rundenübergang den Markierungsfaden nach vorn bzw. hinten legen und anleitungsgemäß weiterarbeiten.

Kleine Stickkunde

Vorstich

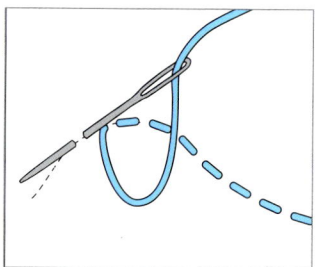

Bei diesem einfachsten aller Stickstiche werden gleichlange Stiche mit regelmäßigen Abständen in einer Linie von rechts nach links gearbeitet. Stichlänge und Zwischenabstände können variieren.

Steppstich

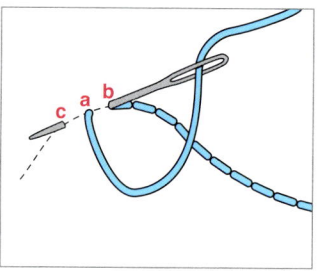

Ein sehr fester Stich, der auch Rückstich genannt wird. Die Nadel bei Punkt a ausstechen, dann nach rechts bei Punkt b einstechen und schließlich bei Punkt c, links von Punkt a, wieder ausstechen. Kurze, gleichmäßige Stiche arbeiten.

Kettenstich

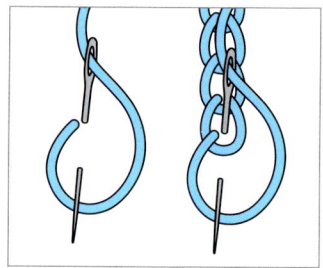

Die Nadel ausstechen und an diesem Punkt wieder einstechen, dann wie gezeigt weiter vorn wieder ausstechen. Dabei den Faden unter der Nadel durchführen und so eine Schlinge bilden. Den Faden anziehen und dabei die Schlinge schließen. Fortlaufend wiederholen.

Stielstich

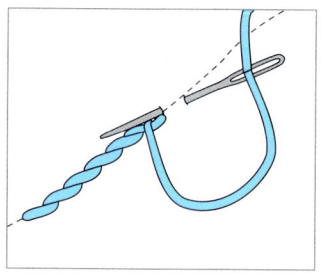

Bei diesem häufig verwendeten Zierstich wird die Nadel wie gezeigt aus-, ein-, und knapp neben der Mitte des entstehenden Stichs wieder ausgestochen. Die Stiche leicht schräg arbeiten.

Langettenstich

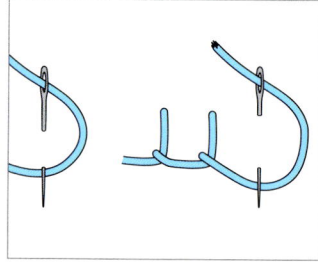

Die Nadel ausstechen, dann wie gezeigt schräg über dem Ausstichpunkt ein- und senkrecht wieder ausstechen, dabei den Faden unter der Nadel durchführen. Den Faden anziehen und den nächsten Stich arbeiten. Alle Stiche sollten die gleiche Höhe und Länge haben.

Spannstich

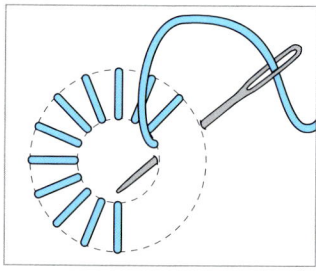

Ein Füllstich, der dicht oder locker gestickt werden kann. Die Nadel wie gezeigt zuerst aus-, dann ein-, und dann wieder ausstechen. Der letzte Ausstichpunkt bildet bereits den Anfang des nächsten Stichs.

Zählmuster Marienkäfer

48
40
30
20
10
1 2

Zählmuster Waldbewohner

41
40
30
20
10
3
2
1
1
2
3

Häkelschrift Waldbewohner

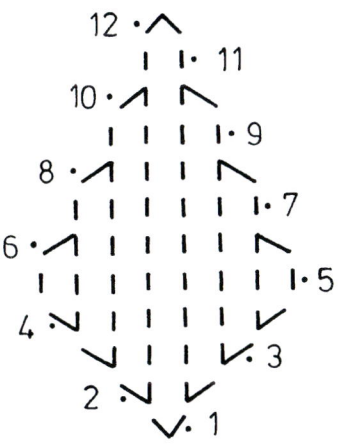

12 · ∧
    ⌐ ⌐· 11
10 · ∧   ⌐
    ⌐ ⌐ ⌐· 9
8 · ∧ ⌐ ⌐ ⌐
    ⌐ ⌐ ⌐ ⌐· 7
6 · ∧ ⌐ ⌐ ⌐ ⌐
    ⌐ ⌐ ⌐ ⌐ ⌐· 5
4 · ⌐ ⌐ ⌐ ⌐ ⌐
    ⌐ ⌐ ⌐ ⌐· 3
2 · ⌐ ⌐ ⌐
    ⌐· 1
       ·

Impressum

Entwürfe und Realisation: A. Abraham (S. 9), Mariane Curkovic/Ute Staudacher (S. 21), Inge Dams (S. 13), Sanna Dreher (S. 7), Sanna Dreher/Silvi Krug (S. 41), Karin Eder (S. 11), Inge Glaser-Engelmeier (S. 29), Dorothea Neumann (S. 33), Ursula Mäding (S. 15, 19, 23, 25, 27, 31, 35, 37), Sabine Schidelko (S. 5), Sabine Schidelko /Uschi Mäding (S. 3), Studio Schachenmayer (S. 39), Trend Design/Sabine Ruf (S. 17)

Fotografie: Hermann Mareth (S. 9, 35), Rainer Muranyi (S. 5, 21), Uli Glasemann (S. 3, 41), Uwe Bick (S. 13), Uzwei Fotodesign, Uwe Bick (S. 15), Uzwei Fotodesign (S. 7, 11, 17, 19, 33, 39), Fotostudio Wehinger (S. 23, 25, 27, 29, 31, 37)

Styling: Kirstin Galle (S. 29), Christiane Käsmayr (S. 35), Rainer Muranyi (S. 5, 21), Elke Reith (S. 3, 9, 13, 39, 41), Elke Reith/Karin Schlag (S. 17), Karin Schlag (S. 7, 11, 15, 19, 23, 25, 27, 31, 33, 37)

Häkelschriften: Ursula Mäding (S. 34), Sabine Schidelko (S. 2, 4, 28, 36)

Zählmuster: Carsten Bachmann (S. 4, 22, 24, 30, 36), Inge Dams (S. 12), Kirstin Graf (S. 34), Ursula Mäding (S. 14), Sabine Ruf (S. 16), Studio Schachenmayer (S. 38), Sabine Schidelko (S. 2, 40)

Lektorat: Petra Hassler-Mattes

Redaktion: Angelika Klein

Satz und Umschlaggestaltung: Atelier für Werbung Dobrunz, Schopfheim

Repro: RTK & SRS mediagroup GmbH

Printed in Slovenia by Florjancic

★★★★★

Sind Sie mit diesem Titel zufrieden? Dann würden wir uns über Ihre Weiterempfehlung freuen.
Erzählen Sie es im Freundeskreis, berichten Sie Ihrem Buchhändler oder bewerten Sie beim Onlinekauf.
Und wenn Sie Kritik, Korrekturen, Aktualisierungen haben, freuen wir uns über Ihre Nachricht an: Christian Verlag, Postfach 40 02 09, D-80702 München oder per E-Mail an: lektorat@verlagshaus.de.

Unser komplettes Programm finden Sie unter

www.christophorus-verlag.de

Herstellerverzeichnis

- ADDI-Handarbeitshilfen über Gustaf Selter, Altena
  www.addi.de
- buttinette Textil-Versandhaus GmbH, Wertingen
  www.buttinette.com
- Schachenmayr über MEZ GmbH, Kenzingen
  www.schachenmayr.com
- Lana Grossa Mode mit Wolle Handels- und Vertriebs GmbH, www.lanagrossa.de
- Junghans Wollversand GmbH & Co. KG, www.junghanswolle.de
- Schoeller & Stahl Garne über Schoeller Süssen GmbH, www.schoeller-und-stahl.de
- ELISA Großhandels GmbH, www.elisa.at
- Prym Consumer Europe GmbH, www.prym-consumer.com

Die Deutsche Nationalbibliothek verzeichnet diese Publikation in der Deutschen Nationalbibliografie; detaillierte bibliografische Daten sind im Internet über http://dnb.d-nb.de abrufbar.

3. Auflage

© 2021, 2019 Christophorus Verlag in der Christian Verlag GmbH, Infanteriestraße 11a, 80797 München

Alle Rechte vorbehalten

ISBN 978-3-8410-6414-1

Kreativ-Service

Sie haben Fragen zu den Büchern und Materialien? Frau Erika Noll ist für Sie da und berät Sie rund um alle Kreativthemen. Rufen Sie an! Wir interessieren uns auch für Ihre eigenen Ideen und Anregungen. Sie erreichen Frau Noll per E-Mail: **mail@kreativ-service.info** oder Tel.: **+49 (0) 5052/91 18 58**